Tomek i Zosia rozpoczynają naukę w szkole

Tom and Sofia start School

Henriette Barkow

Priscilla Lamont

Polish translation by Jolanta Starek-Corile

mantra lingua

One week before

Tomek Odwiedziła mnie moja nowa nauczycielka. Nazywa się pani Ross. Zrobiła zdjęcie mnie i mojej mamie. Potem narysowałem dla niej rysunek. Pani Ross powiedziała, że mój rysunek będzie wisiał w klasie, jàk zacznę chodzić do szkoły.

Tom My new teacher came to my home. Her name is Miss Ross. She took a photo of me and my mum. Then I did a drawing for her. Miss Ross said that my picture will be on the classroom wall when I start school.

Tydzień przed rozpoczęciem lekcji

Zosia

Mama zabrała mnie i Anię na zakupy. Powiedziała, że musimy kupić odpowiednie ubrania do szkoły. Na WF kupiłyśmy tenisówki i nowe skarpetki. Ania dostała nowe buty, bo były jej potrzebne. Ania mówi, że szkoła jest fajna.

Sofia

Mum took me and Anna shopping. She said we had to get special clothes for school. I got plimsolls for PE and new socks. Anna got new shoes 'cause she needed them. Anna said school is cool.

The night before

Zosia Ania mówi, że pani Ross jest *wspania-a-ła*. Przygotowałam sobie wszystkie ubrania, aby rankiem szybciej się wyszykować. Mama powiedziała, że nie możemy się spóźnić.

Sofia Anna said that my teacher Miss Ross is *love-e-ly*.
I put out all my clothes so I can get ready quickly in the morning.
Mum said we mustn't be late.

Wieczór przed pierwszym
dniem w szkole

Tomek Miś nie chce iść do szkoły. Mówiłem mamie, że Miś boi się, bo może się zgubić. Mama powiedziała, że nic mu nie będzie. Mama mówi, że Miś zna już wiele osób - Zosię, Anię i mnie. Powiedziałem Misiowi, że się nim zaopiekuję.

Tom Ted doesn't want to go to school. I told Mum that Ted thinks he'll get lost. Mum said Ted will be OK. She said Ted will know lots of people like Sofia and Anna and me. I told Ted I'll look after him.

Tomek Tata zabiera mnie i Misia do szkoły. Tata powiedział, że pamięta swój pierwszy dzień w szkole. Jak on może pamiętać coś, co wydarzyło się tyle lat temu?

Tom Dad is taking me and Ted to school. Dad said he can remember his first school day. How can he remember something that happened years and years and years ago?

Zosia Jestem już gotowa, a Ania się jeszcze nie ubrała. Zawiązuje jeszcze sznurówki, ale ja chcę już iść. Nie chcę się spóźnić. Mama powiedziała Ani, żeby się pospieszyła. Aniu pospiesz się, chcę JUŻ wychodzić!

Sofia I'm ready to go and Anna is not. She is doing her laces but I want to go now. I don't want to be late. Mum said hurry up Anna. Hurry up Anna, I want to go NOW!

On the way to school

Zosia Mama otworzyła drzwi i razem z Anią szybko zbiegłyśmy po schodach. Na dole zobaczyłyśmy Tomka i jego tatę.

Sofia Mum opened the door and Anna and me raced down the stairs. At the bottom we saw Tom and his Dad.

Tomek Zosia, Ania i ich mama, ja, tata i Miś szliśmy spacerkiem do szkoły. Trzymałem tatę za rękę. Ania mówiła, że szkoła jest fajna.

Tom Sofia and Anna, and their mum and me, and Dad and Ted walked all the way to school. I held Dad's hand. Anna said school is cool.

The school

Tomek — Kiedy doszliśmy do szkoły, czekała tam pewna pani. Zapytała, jak mam na imię. Odpowiedziałem – Tomek. Ona powiedziała, że nazywa się pani Plum. Miś schował się w mojej kieszeni.

Tom — When we got to school there was a woman waiting. She asked my name. I said Tom. She said her name was Mrs Plum. Ted hid in my pocket.

Zosia

Gdy weszliśmy do szkoły, pani dyrektor już tam czekała. Przyszła przywitać się z nowymi dziećmi. Ania powiedziała, że w taki sposób serdecznie wita się z wszystkimi.

Sofia

When we got to school the head teacher was waiting. She came to say hello to all the new children. Anna said she does it to make us feel welcome.

Our class

Zosia Mama zaprowadziła mnie do naszej klasy. Pani Ross już tam była. I był tam jeszcze inny dorosły, który miał na imię Jim. Mam swój wieszak. Mogę tam powiesić swój płaszczyk i worek do WF-u. Mama pożegnała się i pomachała nam, gdy wychodziła.

Sofia Mum took me to our class. Miss Ross was there. And a grown-up called Jim. I got my own peg. That's for my coat and PE bag. Mum said bye. She waved as she went out of the door.

Tomek Tata zaprowadził mnie do klasy. Pokazałem mu swój obrazek. Powiedziałem tacie, że Miś trochę się martwi. Tata powiedział, że Miś nie powinien się martwić, bo ma mnie, a ja jego. Tata mnie przytulił. Powiedział, do zobaczenia. A ja odpowiedziałem – Pa, pa.

Tom Dad took me to our class. I showed Dad my picture. I told Dad Ted was worried. Dad said Ted would be OK because Ted had me. And I had Ted. Dad gave me a hug. He said see you later. I said bye.

First lesson

Tomek

Pani Ross sprawdziła listę obecności. Powiedziała, że codziennie będzie ją sprawdzała. Powiedziała, że musimy odpowiadać „tak”, gdy wywoła nasze imię.

Tom

Miss Ross called the register. She said every day she will call the register. She said we have to say yes when she calls our name.

Zosia — Pani Ross powiedziała, że mamy dużo pracy. Mówiła, że wykonywanie pracy to niezła zabawa. Naszą pierwszą pracą była gra w zapamiętywanie imion. Znam już dużo imion. Zara jest moją koleżanką.

Sofia — Miss Ross said we had lots of jobs to do. She said doing jobs is fun. Our first job was to play the name game. I know lots of names. Zara is my friend.

Morning break

Zosia Pani Ross powiedziała, że mamy teraz krótką przerwę. Nie wychodzimy, aby się bawić. Możemy się napić wody i jeść owoce. Usiadłam obok Zary i Lili.

Sofia Miss Ross said now it's break time. We don't go out to play. We get a drink of water and fruit. I sat next to Zara and Lili.

Tomek Podczas przerwy mogliśmy wyjść do toalety. Pani Ross powiedziała, UMYJCIE RĘCE i pamiętajcie, aby ZAKRĘCIĆ KRANY.

Tom At break time we can go to the toilet. Miss Ross said WASH YOUR HANDS. Miss Ross said remember to TURN OFF THE TAPS.

Tomek Sean usiadł obok mnie. Mam nadzieję, że mnie lubi. „Cześć!" – zawołał Sean i powiedział, że podoba mu się mój rysunek.

Tom Sean sat next to me. I hope he likes me. "Hello!" said Sean. He said he liked my picture.

Zosia Pani Ross zebrała nasze rysunki i powiesiła je na ścianie. Później pokolorowałam karteczkę ze swoim imieniem, którą przykleję na mojej szufladce.

Sofia Miss Ross took our pictures and put them on the wall. Then I coloured a card with my name to put on my drawer.

Lunch time

Zosia Zadzwonił dzwonek. Narobił DUŻO hałasu! Umyliśmy ręce i ustawiliśmy się w szeregu. Zara trzymała mnie za rękę. Ona też chodzi na obiady szkolne.

Sofia A bell rang. It made a BIG noise! We had to wash our hands and line up. Zara held my hand. She has school dinners like me.

Przerwa obiadowa

Tomek Sean ma kanapki tak jak ja. Wzięliśmy ze sobą pojemniki z kanapkami i przeszliśmy do DUŻEJ jadalni. Było tam bardzo GŁOŚNO. Usiedliśmy przy długim stole. Miałem kanapkę z serem, jabłko i soczek.

Tom Sean has packed lunch like me. We got our lunch boxes. We went to the BIG hall. It was very NOISY. We sat at long tables. I had cheese and bread and an apple and juice.

Playtime

Tomek Bawiłem się w berka z Seanem, Leo i Adim. Ławka była naszym bezpiecznym miejscem. Miś schował się w kieszeni.

Tom Sean and Leo and Adi and me played tag. The bench was home. Ted hid in my pocket.

Zosia Skakałam na skakance z Zarą i Lili. Lili przewróciła się i skaleczyła kolano. Nałożono jej plaster. Lili mówiła, że ją to nie bolało. Lili jest bardzo dzielna.

Sofia Zara and Lili and me played skipping. Lili fell over and hurt her knee. It needed a plaster. Lili said it doesn't hurt. Lili is very brave.

Story time

Zosia Usiedliśmy na dywanie. Pani nauczycielka przeczytała nam bajkę z DUŻEJ książki.

Sofia We all sat on the carpet. Miss read us a story from a BIG book.

Tomek Po bajce bawiliśmy się w klaskanie. Nauczyliśmy się rymowanki na pożegnanie.

Tom At the end of the story we played a clapping game. We learnt a going home rhyme.

Packing up time

Tomek Już niedługo pójdziecie do domu, powiedziała pani Ross. Poukładaliśmy nasze rzeczy w szufladkach. Adi ma górną szufladkę. Potem ustawiliśmy się w szeregu.

Tom Miss Ross said, home time. We put all our things in our drawers. Adi has the top drawer. Then we had to line up.

Zosia

Przynieście swoje kurtki, powiedziała pani Ross. Pobiegliśmy do swoich wieszaków. Pani Ross powiedziała, NIE WOLNO BIEGAĆ po korytarzu! Była zła. Do klasy wróciliśmy wolnym spacerkiem.

Sofia

Miss Ross said, time to get your coats. We ran to our pegs. Miss Ross said, NO RUNNING in the corridor! She looked cross. We walked back to class.

Zosia

Do mojej klasy weszła mama z Anią. Pokazałam im obrazek, który namalowałam. Pani Ross i Jim pożegnali się z nami. Ja pożegnałam się z Zarą i Lili.

Sofia

Mum and Anna came to my class. I showed them my picture I painted. Miss Ross and Jim said bye. I said bye to Zara and Lili.

Powrót do domu

Tomek Gdy nadszedł czas powrotu do domu, mama z tatą weszli do klasy. Miałem im TYYYLE do powiedzenia o Seanie, i Leo, i Adim, i wszystkich pracach, które musiałem wykonać. Tata powiedział, że jestem już dużym uczniem!

Tom At home time Mum and Dad came to the classroom. I had sooo much to tell about Sean and Leo and Adi and all the jobs I had to do. Dad said I was a big schoolboy now!

Home

Tomek Zaprzyjaźniłem się z nowymi dziećmi. Sean jest moim przyjacielem. I Adi i Leo. Sean jest moim najlepszym przyjacielem w szkole, a Miś jest moim najlepszym przyjacielem w domu. Misiowi spodobało się w szkole. Chce tam pójść jeszcze raz.

Tom I made lots of friends. Sean is my friend. And Adi and Leo. Sean is my best school friend. Ted is my best home friend. Ted likes school. He wants to go again.

Zosia Razem z mamą i Anią zjadłyśmy po kawałku ciasta. Ania musiała odrobić pracę domową. Ja nie mam jeszcze pracy domowej. Mama powiedziała, że Zara może nas odwiedzić w piątek po szkole. Ania miała rację – szkoła jest fajna.

Sofia Anna and Mum and me had cake. Anna had homework. I don't have homework. Mum said Zara can come after school on Friday. Anna was right - school is cool.

If you have found this book helpful, there are three more titles in the series that you may wish to try:

Nita Goes to Hospital
Sahir Goes to the Dentist
Abi Goes to the Doctor

You might like to make your own car, furnish your own house or try out some clothes in the "My...series" CD Ror

My House
My Car
My Clothes

You may wish to welcome parents and carers in 18 languages with the Welcome Booklet CD Rom Series where you can publish key information about your school - photos, policies, procedures and people:

Welcome Booklet to My School
Welcome Booklet to My Nursery
All About Me!

First published in 2006 by Mantra Lingua Ltd
Global House, 303 Ballards Lane
London N12 8NP
www.mantralingua.com

A CIP record for this book is available from the British Library